# ອາຊີບ
# ຂອງພວກເຮົາແມ່ນຫຍັງ?

ຂຽນໂດຍ: ສັນຕິສຸກ ພິລາວົງ
ຮູບໂດຍ: ໂຮຊາ ລຳເຮນາ ກອນຊາກາ

Library For All Ltd.

ອົງການ Library For All ແມ່ນອົງການທີ່ບໍ່ຫວັງຜົນກຳໄລ ທີ່ມີພັນທະກິດທີ່ຈະເຮັດໃຫ້ທຸກຄົນ
ສາມາດເຂົ້າເຖິງແຫຼ່ງຄວາມຮູ້ ຜ່ານບະອັດຕະກຳຫ້ອງສະໝຸດດີຈິຕອນ.
ເຂົ້າເບິ່ງລາຍລະອຽດເພີ່ມເຕີມທີ່: libraryforall.org

ອາຊິບຂອງພວກເຮົາແມ່ນຫຍັງ?

ຈັດພິມຄັ້ງທຳອິດໃນປີ 2019. ແປ ແລະ ຈັດພິມໃນ ສປປ ລາວ ປີ 2019.

ຈັດພິມໂດຍ: ອົງການ Library For All
ອີເມວ: info@libraryforall.org
URL: libraryforall.org

ຜົນງານນີ້ ມີລິຂະສິດສາກົນພາຍໃຕ້ເງື່ອນໄຂສັນຍາອະນຸຍາດແບບເປີດ (Creative
Commons) - ການອ້າງອີງແຫຼ່ງທີ່ມາ, ຫ້າມນຳໃຊ້ເພື່ອການຄ້າ-ຫ້າມດັດແກ້ 4.0.
ສຳລັບລາຍລະອຽດເພີ່ມເຕີມ ກ່ຽວກັບລິຂະສິດນີ້, ເຂົ້າເບິ່ງ http://creativecommons.org/
licenses/by-nc-nd/4.0/.

ປຶ້ມພາສາລາວເຫຼັ້ມນີ້ ຖືກສະໜັບສະໜູນໂດຍການຮ່ວມມືຂອງ

ຮູບແຕ້ມຕົ້ນສະບັບໂດຍ ໂຣຊາ ລຳເຣນາ ກອບຊາກາ

ອາຊິບຂອງພວກເຮົາແມ່ນຫຍັງ?
ສັນຕິສຸກ ພິລາວົງ
ISBN: 978-9932-09-073-0
SKU00869

ຂ້ອຍເປັນນັກຮຽນ.

ຂ້ອຍຮຽນໜັງສື.

ພໍ່ເປັນຊາວນາ.

ຊາວນາປູກເຂົ້າ.

ແມ່ເປັນໝັນ.

ໝຳບໍຄິນ.

ອາແມ່ບແມ່ຄ້າ.

ແມ່ຄ້າຂາຍສິ່ງຂອງ.

ລຸງເປັນຄູ.

ຄູສອບໜັງສື.

ພວກເຮົາມີອາຊິບ
ໝິດທຸກຄົນ.

ຂໍ້ມູນທາງບັນນາບຸກົມຂອງຫໍສະໝຸດແຫ່ງຊາດ

ສັນຕິສຸກ ພິລາວົງ

ອາຊິບຂອງພວກເຮົາແມ່ນຫຍັງ? 1 /ໂດຍ ສັນຕິສຸກ
ພິລາວົງ. -- ວຽງຈັນ : ມັກອ່ານ, 2020

27 ໜ້າ : ພາບປະກອບສີ ; 29 ຊມ
1.    ອາຊິບ
2.    ວັນນະກຳສຳລັບເດັກ
I.    ຊື່ເລື່ອງ

331.7 -- dc21
    ISBN 978-9932-09-073-0
    ເລກທະບຽນພິມຈຳໜ່າຍ: ຕາມທບ 156 ພຈ 23032020

# ກ່ຽວກັບຜູ້ຂຽນ

ອົງການ Library For All ເຮັດວຽກຮ່ວມກັບນັກຂຽນ ແລະ ນັກແຕ້ມຈາກທົ່ວໂລກ ເພື່ອສ້າງນິທານທີ່ມີຄຸນນະພາບ, ຫຼາກຫຼາຍ ແລະ ເໝາະສົມກັບເດັກນ້ອຍແຕ່ລະໄອ. ເຊີນເຂົ້າເບິ່ງເວັບໄຊ Libraryforall.org ສຳລັບຂ່າວສານຫຼ້າສຸດ ກ່ຽວກັບການຝຶກອົບຮົມ ແລະ ໂອກາດຕ່າງໆສຳລັບນັກຂຽນ.

ທ່ານມັກປຶ້ມເຫຼັ້ມນີ້ບໍ່?

ທ່ານສາມາດອ່ານປຶ້ມແບບນີ້ໄດ້ເພີ່ມເຕີມ
ທີ່ຜະລິດໂດຍອົງການ Library For All

ອົງການ Library For All ຜະລິດສື່ການອ່ານ ທີ່ມີຄຸນນະພາບ
ເໝາະສົມກັບອັດທະບະທຳເພື່ອການສຶກສາ ໂດຍນຳໃຊ້ນະວັດຕະ
ກຳແຮັບພິເຄຊັ່ນທ້ອງສະໝຸດແບບອິນบุภ. ພວກເຮົາເຮັດວຽກຮ່ວມ
ກັບນັກຂຽນໃນທ້ອງຖິ່ນ, ຄູອາຈານ, ທີ່ປຶກສາດ້ານອັດທະບະທຳ,
ລັດຖະບານ ແລະ ອົງການຈັດຕັ້ງທີ່ບໍ່ຂຶ້ນກັບລັດຖະບານ
ເພື່ອມອບຄວາມສຸກຂອງການອ່ານໃຫ້ແກ່ເດັກນ້ອຍ ທຸກໆແຫ່ງ.

ມາອ່ານນຳກັບເຮາະ!
libraryforall.org